AF267273

Contraste insuffisant

NF Z 43-120-14

LE SÉNÉGAL

LA FRANCE

DANS

L'AFRIQUE OCCIDENTALE

ET LE GÉNÉRAL FAIDHERBE

PAR

GABRIEL GRAVIER

ROUEN

IMPRIMERIE DE ESPÉRANCE CAGNIARD

Rues Jeanne-Darc, 88, et des Basnage, 5

1889

a M. G. Renaud,
souvenir affectueux.

Ch. Gravier

LK
711

LE SÉNÉGAL

EXTRAIT DU BULLETIN DE LA SOCIÉTÉ NORMANDE DE GÉOGRAPHIE

(QUATRIÈME CAHIER DE 1889)

LE SÉNÉGAL

LA FRANCE

DANS

L'AFRIQUE OCCIDENTALE

ET LE GÉNÉRAL FAIDHERBE

PAR

GABRIEL GRAVIER

ROUEN

IMPRIMERIE DE ESPÉRANCE CAGNIARD

Rues Jeanne-Darc, 88, et des Basnage, 5

—

1889

'HOMME du monde qui avait le plus d'autorité pour écrire l'histoire du Sénégal[1] était certainement M. le général Faidherbe, le véritable fondateur de la puissance française sur la côte occidentale d'Afrique.

Arrivé au Sénégal en 1852, comme capitaine du génie, il en fut gouverneur du 16 décembre 1854 au 4 décembre 1861, puis du 14 juillet 1863 au 12 juillet 1865. C'est là qu'il a conquis ses grades de chef de bataillon, de lieutenant-colonel, de colonel et de général de brigade.

M. le gouverneur Faidherbe n'était pas seulement un

[1] *Le Sénégal.* — *La France dans l'Afrique occidentale,* par le général FAIDHERBE, de l'Institut ; Paris, Hachette, 1889, gr. in-8o de 501 pages avec 21 gravures et 5 cartes ou plans.

militaire consommé, ayant du coup d'œil, de la décision, du courage : il avait cette grandeur de caractére qui en impose à l'ennemi, cette fermeté, faite de sagesse et de bienveillante affection, qui enlève le soldat et lui fait accomplir des prodiges.

La colonie lui était connue dans tous ses détails économiques, géographiques et militaires.

Les peuplades qui l'entouraient n'avaient pas pour lui de mystères. Il connaissait à fond leur caractère, leurs mœurs, leurs appétits, leur immense désir de nous rejeter à la mer ; il connaissait aussi leurs forces, leurs alliances, leurs faiblesses, et, toujours à temps, leurs projets. Jamais il ne se laissa surprendre, jamais rien ne l'étonna, et jamais il n'a douté un seul instant du succès de ses entreprises. On peut dire que, par la parole, par la plume et par l'épée le général Faidherbe a fixé le sort de la Colonie.

Depuis son retour en France, en 1865, le Sénégal tient une grande place dans sa pensée. Il a été, il est et restera la personnification de cette colonie. Vers lui se tournent, comme vers un maître incontesté, bienveillant et sympathique, les soldats, les voyageurs, les écrivains. Tous envient son approbation et travaillent, pour ainsi dire sous ses yeux, à la réalisation du programme qu'il a tracé, qui est maintenant rempli. Il sait donc tout ce qui a été dit et écrit sur le Sénégal.

Ajoutons que ses immenses services et sa haute situation lui donnent toute autorité pour juger les hommes et les choses, pour rendre à chacun la justice qui lui est due. Nous savons par plus d'un de ces hommes pleins de jeunesse et d'avenir, qui ont joué leur vie dans les régions sénégalo-nigériennes, que l'applaudissement du général est une récompense.

Cependant, s'il prend la parole, ce n'est pas pour se poser en grand juge, c'est pour appeler l'attention sur les services rendus par ses frères d'armes et pour défendre la colonie contre des préventions injustes qui pourraient en entraver le développement.

En montrant ce qu'elle a été, ce qu'elle est, ce qu'elle peut devenir, en rappelant les glorieux travaux de nos soldats, il a l'espoir de lui ramener les sympathies du pays, des Chambres et des pouvoirs publics. Il a cent fois raison et il aura gain de cause.

Dans ces dernières années on critiquait surtout nos tentatives de pénétration et la construction d'un chemin de fer entre le Sénégal navigable et le Niger.

Le général, qui connaît la question un peu mieux que ne la connaissent les détracteurs de la colonie, a toujours été partisan de la pénétration. Il a construit le poste de Médine, non seulement pour protéger nos possessions d'alors, mais aussi comme point de départ à la marche en avant. Il écrivait même à Mage, en 1868 : « Il faut avant deux ans que notre drapeau flotte à Bafoulabé, et avant dix ans à Bammakou, sur le Niger ».

Voilà de bonnes et fortes paroles, dignes d'un homme qui connaissait à fond la colonie et se rendait un compte exact de ses conditions de prospérité.

Nous avons atteint le but qu'il a marqué et nous avons

la main sur les grands marchés du Soudan. Allons-nous dire à ceux qui nous envient cette situation :

« Nous avons donné notre or, le sang de nos soldats, la vie de nos explorateurs ; la récolte est maintenant à maturité, nous nous retirons, moissonnez à notre place, unissez-vous à ceux que notre recul dressera contre nous pour nous chasser du Sénégal, la plus ancienne de nos colonies ».

Les Anglais accueilleraient ce langage avec enthousiasme et ne se feraient pas prier, soyez-en sûr, pour construire un chemin de fer qui leur ouvrirait la navigation du Niger.

Cet abandon a été proposé, mais il n'aura pas lieu.

Tous ceux qui connaissent la question, tous ceux qui ont à cœur la grandeur et le prestige de la France diront, au contraire, avec le général Faidherbe : En avant !

Nos premières tentatives de construction d'un chemin de fer des Kayes à Bafoulabé n'ont pas été heureuses. Faut-il, pour un premier mécompte, renoncer à tout ? Ce serait enfantin. Ce chemin de fer a été terminé ; non seulement il faut le conserver, mais il importe de le pousser jusqu'à Bammakou, sur le Niger, et le plus vite possible, car il n'y a pas d'autre moyen de transporter à bon compte les marchandises échangées sur le grand fleuve soudanien, de hâter l'abolition de l'esclavage et la pénétration de la civilisation.

De l'abolition de l'esclavage et de la pénétration dépend notre avenir commercial dans cette partie de l'Afrique.

Il s'agit donc en réalité d'une œuvre humanitaire et pratique.

L'esclavage paraît avoir toujours été la plus grande des plaies du continent africain. Quand les Blancs firent la traite des Noirs, après la découverte de l'Amérique, le mal devint une honte.

L'Européen disait hypocritement : J'achète le Noir pour « sauver son âme ». Le Noir ne demandait pas à être sauvé ; mais le Blanc pensant, comme la matrone de Juvénal, que sa volonté devait être la loi et la raison, persistait à jouer le rôle de sauveur. Pour un homme qu'il faisait baptiser, ce qui ne veut pas dire sauvé, il en tuait cent. Cela ne troublait pas sa conscience. La vente du « bois d'ébène » lui paraissait d'autant plus méritoire, que le Nègre était supposé descendre de Cham, le fils maudit de Noé ; que cette vente donnait de gros profits, preuve évidente que le ciel absolvait, bénissait même les glorieux travaux de messieurs les négriers.

Pour arriver à son but, il ne choisit pas les moyens. Il abrutit systématiquement ces peuples enfants, bons, joyeux, amis des frais ombrages et du repos. Il leur apprend le mépris de la vie humaine, il leur inocule la passion de l'eau-de-vie et les amène à lui vendre, pour une bouteille de la fatale liqueur, le roi ses sujets, le mari sa femme, la femme son enfant.

On raconte à Saint-Louis qu'un marabout du Maroc offrit au damel du Cayor de lui céder un magnifique cheval contre cent jeunes filles vierges. Le damel accepte le marché, fait razzier par ses tiédo une douzaine de villages des environs de Gandiole et livre les cent jeunes filles. Cette chasse n'a pas coûté moins d'un millier d'existences, mais le pieux marabout (un marabout est toujours pieux) n'en a pas moins dit ses cinq prières quotidiennes et crié *Allah* à plein gosier.

Cette horrible chose, qui subsiste encore, se faisait sous le couvert de la religion, sous les yeux de ses prêtres chrétiens et musulmans.

N'a-t-on pas vu Las Casas répandre des flots de larmes sur le sort des malheureux Indiens, que les Espagnols faisaient pourrir dans les mines du Nouveau-Monde, et proposer, pour les sauver, de les remplacer par des noirs? Pourquoi Las Casas, qui était un brave et digne évêque, n'a-t-il pas proposé tout simplement l'abolition de l'esclavage des Indiens? C'est qu'alors, dans toute l'Europe, la royauté, la noblesse et le clergé possédaient, sous le nom de serfs, des quantités innombrables d'esclaves, et que la servitude paraissait tout aussi sainte que la liberté.

Dans la Sénégambie, la matière à servitude se formait de deux éléments : les guerriers, d'une part, d'autre part les femmes et les enfants.

Les guerriers préféraient la mort à la servitude, et habituellement ils se faisaient tuer les armes à la main. Jamais pris que par ruse, ils étaient toujours mauvais esclaves, ne pensant qu'à la fuite et faisaient parfois subir aux traitants de sérieux dangers.

Le général raconte, d'après un témoin, l'aventure de 500 esclaves vendus par leur roi. Ils ont failli détruire toute notre colonie, et, pendant leur transport en Amérique, il fallut les mitrailler, en tuer plus de la moitié, pour les empêcher de s'emparer du navire.

Un fait donnera d'ailleurs la mesure de ces tiedo sénégambiens.

L'un deux s'était évadé maintés fois avec une audace inouïe. Repris et enchaîné, il resta dix jours sans boire ni manger parce qu'il « ne voulait pas, disait-il, laper comme un chien ». Pour l'empêcher de mourir de faim et de soif, il fallut lui détacher les mains aux heures des repas.

Pour les femmes et les enfants, sans défense ou inconscients, ils se laissaient docilement conduire de marché en marché. Le plus grand nombre mourait de fatigue, de misère ou de mauvais traitements, mais les survivants, élevés dans la servitude, soumis au caprice d'un maître qui se donnait le droit de châtier à sa fantaisie, de mutiler, de tuer, se soumettaient à leur sort.

Le cœur des négriers blancs et maures, comme celui des possesseurs d'esclaves, s'était pétrifié. Pour eux, le noir était une chose, non un être humain, bien que, par pure hypocrisie, les uns le fissent baptiser, les autres circoncire.

Tous les ans, les Maures passaient le Sénégal et venaient sur la rive gauche faire des razzia de bestiaux et d'esclaves. Un jour, devant Dagana, dit le général, « deux cavaliers trarza se disputaient un enfant de quelques mois. Ils allaient en venir aux mains quand survient un troisième Maure, qui, pour rétablir la paix, ne trouve rien de mieux que de supprimer la cause du conflit : il prend l'enfant par un pied, le fait tournoyer au-dessus de sa tête et lui brise le crâne contre un arbre.

L'un des objectifs de l'occupation française est précisément l'abolition de cet odieux trafic. Nous n'avons pas encore réussi complètement, mais nous avons obtenu des résultats considérables.

Il y a quelque temps on demandait à un chef : As-tu des esclaves à vendre? — « Je n'en ai pas, répond-il, parce que depuis longtemps on ne vient plus m'en demander, mais si vous voulez attendre huit ou quinze jours, je vous en fournirai ». Un autre roi nègre répondait à la même question : « Je n'en ai pas. Depuis qu'on ne vient plus m'en demander, je les emploie à cultiver des arachides et cela me rapporte beaucoup plus de profits ».

Pour apprécier l'immense progrès indiqué par cette dernière réponse, il faut se rappeler que, dans le Soudan, le captif de case n'est pas malheureux. Il fait partie de la famille de son maître qui ne le maltraite pas. Il parle sa langue, a ses mœurs, porte son costume. Il a sa case, sa femme, ses enfants, son pécule. Il est certainement beaucoup plus heureux que ne l'étaient les serfs de nos pays.

Après nous avoir édifiés sur la traite des Noirs, le général nous entretient de la traite de la gomme.

La traite de la gomme était moins écœurante que la traite des Noirs, mais elle était aussi bien malpropre.

La déloyauté la plus parfaite présidait à ses opérations. Les Maures extorquaient aux traitants, sous le

nom de *coutumes,* des redevances énormes, et fraudaient
tant qu'ils pouvaient les marchandises échangées. Les
Blancs attiraient les Maures et les volaient abominable-.
ment. Le représentant du chef des Maures et les commis
de la compagnie s'entendaient pour voler leurs patrons.
Le général a mis un terme à ces honteux procédés.
Nous savons cependant par Paul Soleillet que, de son
temps, la traite était loin encore de se faire honnêtement.

Les Maures prétendaient, d'ailleurs, nous faire une
grande grâce en trafiquant avec nous. Se croyant indis-
pensables et puissants, ils faisaient la grosse voix. Cela ne
nous inquiétait pas, car nous savions très bien qu'ils
étaient atteints d'une maladie endémique qui les affai-
blissait beaucoup : la passion du pouvoir et la fréquence
des guerres civiles.

Un gredin quelconque, de race royale ou non, réunit
une bande de gens de sac et de corde, ce qui est toujours
facile, chez les Maures et ailleurs, puis il intrigue, cons-
pire, calomnie et, quand il le peut, marche à l'assaut du
pouvoir. Vainqueur ou vaincu, il cause la ruine de sa
tribu, mais cela ne lui pèse guère. Qu'il soit maître un
instant, que sa bande puisse se gorger, cela suffit à la
rigueur pour le rendre heureux, et le plus souvent il
n'espère pas davantage. Il faut reconnaître cependant que
ces gredins ont du courage, se battent et savent se faire
tuer.

Ces demi-sauvages commettent, sans sourciller, les
crimes les plus révoltants. Un chef s'empare de la femme
de son adversaire, lui coupe le nez et les oreilles et la

renvoie à son mari. Le mari de la victime capture à son tour la femme de son ennemi, lui arrache toutes les dents et la renvoie. On peut juger par là des atrocités qu'ils commettent sur leurs prisonniers musulmans ou chrétiens. C'est même par ces moyens qu'ils faisaient trembler les populations de la rive gauche.

Après de curieux détails sur les mœurs, les mariages, l'hygiène et la littérature des Maures, le général nous renseigne sur l'état de la colonie à la fin du xviiiᵉ siècle.

Les progrès réalisés depuis André Brüe étaient négatifs.

Le chevalier de Boufflers, gouverneur en 1786 et 1787, n'avait à sa disposition qu'une seule chaloupe, et sa situation était parfois embarrassée. Le palais du gouvernement, l'hôpital, tous les bâtiments de l'administration, même les fortifications étaient dans un état lamentable. Souvent il manquait de vivres, de bois et d'outils. Pendant sept mois de l'année l'eau n'était pas potable. Celle du gouverneur, qui était filtrée, sentait « la fumée à faire vomir ».

Le fort de Podor était inhabitable. Le 16 avril 1787, Boufflers trouva les vingt soldats de la garnison logés dans une écurie et tous « agonisants ».

Un voyage de Saint-Louis à Gorée demandait alors quatre jours et l'on risquait de mourir de soif et de faim.

Le manque d'eau potable, qui faisait le désespoir du chevalier de Boufflers, laissait le gouvernement bien tranquille.

En 1859, le général Faidherbe reconnut le marigot de Lampsar et constata qu'il pouvait largement approvisionner d'excellente eau Saint-Louis et sa banlieue. Le gouvernement n'avait pas d'argent. En 1865, M. Pinet-Laprade, alors gouverneur, reprit le projet : l'argent manquait encore. C'est seulement sous le gouvernorat du colonel Brière de l'Isle, de 1876 à 1881, que la colonie fut pourvue du précieux liquide qu'elle sollicitait vainement depuis 1626.

Jusqu'à 1853, Saint-Louis n'eut de communications avec les rives du fleuve que par bateaux. En cette année, le génie proposa la construction d'un pont. Le gouvernement refusa, il ne comprenait pas l'utilité de dépenser une vingtaine de mille francs pour relier Saint-Louis à un village habité par des pêcheurs qui devaient avoir des barques.

Cette remarque était un trait de génie. Puisque les pêcheurs avaient des barques, ils pouvaient se passer de pont pour aller à Saint-Louis; et si les habitants de Saint-Louis éprouvaient le besoin de sortir de leur île, rien ne les empêchait de se faire faire des barques.

Malheureusement, quand cette lumineuse décision arriva, le pont était fait.

La population s'en trouva bien, cependant, car aujourd'hui le quartier le plus agréable de la ville est sur la rive droite.

Beaucoup plus tard, le beau pont Faidherbe a réuni l'île à la rive gauche.

La comparaison des plans de 1851 et de 1885 et des vues de 1720, 1780 et 1865, est bien instructive.

Que d'heureux changements se sont accomplis dans l'île

et sur les deux rives du fleuve. Le vieux fort dessiné par P. Labat a d'abord été transformé, démoli et puis remplacé par le palais du gouvernement. Les cases, qui flambaient si bien du temps de Boufflers, ont fait place à de belles maisons. Des quais facilitent l'accostage des navires et la manutention des marchandises. L'eau arrive en abondance et assainit la ville. Les beaux villages de Guet N' Dar et de N' Dar Tout se sont élevés sur la rive droite, et celui de Bouëtville sur la rive gauche. Un chemin de fer, de construction récente, réunit Saint-Louis à Dakar, et la presqu'île de ce nom, qui contenait en tout, en 1850, une mission catholique et un village indigène, est aujourd'hui couverte de constructions. Son port est le plus sûr de la côte occidentale d'Afrique, le point de relâche des bateaux des Messageries maritimes qui font le service entre Bordeaux et le Brésil. Le Cayor, traversé dans toute sa longueur par le chemin de fer, était pauvre jadis et toujours décimé par la traite; maintenant, en paix sous notre protection, ses habitants s'adonnent au travail et jouissent des bienfaits de la civilisation.

Cette heureuse situation est surtout le résultat de la féconde activité du général Faidherbe.

Que de luttes, que d'efforts, que de sacrifices pour donner à notre domination une base solide et amener le règne de la paix !

En 1848, les Maures, les Wolof et les Toucouleurs entravaient notre commerce par leurs brigandages.

Les colons, lassés de leurs insuccès et des continuels

dangers suspendus sur leurs têtes, demandèrent au gouvernement, en 1854, la création de postes fortifiés à Dagana et à Podor.

Le capitaine du génie Faidherbe commença le 27 mars et termina le 1er mai les travaux de Podor.

Six jours après, une colonne de 600 hommes, soldats et volontaires de Saint-Louis, marchait sur Dialmatch, tata réputé imprenable, défendu par 2,000 guerriers déterminés, bien armés, bien abrités, débarrassés des femmes et des enfants. Ils se défendent avec énergie, nous font subir des pertes cruelles ; le tata, néanmoins, est enlevé à la bayonnette.

Notre situation est encore précaire, ce qui tient au fréquent changement des gouverneurs. Ces hauts fonctionnaires sont très capables et remplis de bonnes intentions, mais on ne leur donne pas le temps de se mettre au courant des affaires, de connaître le pays, de concevoir un plan et d'en poursuivre le développement normal. Pour sortir de cette situation lamentable, le commerce demande que chaque gouverneur soit maintenu dans ses fonctions au moins pendant sept ans. Le ministère comprend, nomme le capitaine Faidherbe chef de bataillon et gouverneur de la colonie.

« Le nouveau gouverneur présentait l'avantage d'avoir étudié le monde musulman pendant six ans en Algérie, d'avoir été en contact avec les noirs pendant deux ans à la Guadeloupe, où il avait assisté à la proclamation de la liberté, et, depuis deux ans qu'il était au Sénégal, d'avoir parcouru toute la colonie, d'avoir fait partie de l'expédition Baudin, à Grand-Bassam, et enfin de s'être tenu au courant des questions alors pendantes ».

La suppression des escales le met de suite aux prises avec les Maures.

Le roi des Trarza assurait qu'à la première rupture il viendrait faire son salam dans l'église de Saint-Louis, et rejetait avec hauteur, même avec insolence, nos propositions d'arrangement. Le chef des Azouna se vantait de prendre Saint-Louis avec sa seule tribu.

Ces braves Maures se croyaient aussi terribles qu'ils le disaient et venaient à tout instant troubler notre commerce et faire des razzia dans les pays de notre suzeraineté.

Au mois de février 1855, le gouverneur Faidherbe passe le Sénégal, attaque les Azouna, les met en pleine déroute, leur enlève 700 bœufs et leur fait 69 prisonniers.

Cette brillante et rapide campagne avait eu surtout pour but de soustraire le Walo aux déprédations des Maures.

Que font les gens du Walo? Ils s'unissent à leurs oppresseurs contre nous. La punition ne se fait pas attendre. Le gouverneur entre immédiatement dans leur pays, et bien que leur force soient dix fois plus considérables que les nôtres, il les culbute, les met en fuite. Ils sont tellement affolés par leur foudroyante défaite, qu'ils vont criant dans les villages : « Ce ne sont pas des hommes que nous venons de combattre, mais des démons ».

Maître du Walo dès la fin de février, le gouverneur lui donne pour damel un homme dévoué à nos intérêts. Les anciens chefs ne se soumettent pas, persistent à se reconnaître sujets du roi des Trarza, et continuent à leurrer le pays de vaines espérances. En décembre 1855, le commandant Faidherbe met fin à cette situation en prononçant l'annexion du Walo. Depuis lors, cette province s'adonne à la culture, au commerce, et jouit d'une sécurité qu'elle n'avait jamais connue.

A leur tour, Brakna, Trarza et Azouna rentrent en scène.

Ces peuples ne sont pas à dédaigner. Ils pensent, comme les héros d'Homère, qu'on peut, sans honte, fuir un combat inégal, mais ils sont audacieux, habiles, au besoin hommes de courage et de dévoûment.

Le gouverneur, avec sa petite troupe, les poursuit énergiquement, de tous les côtés, à toute heure, leur inflige chaque jour des défaites nouvelles, les décourage, les amène enfin à reconnaître leur infériorité, à demander la paix à ces Blancs qu'ils avaient cru dignes de tout leur mépris, à ce commandant Faidherbe dont ils réclamaient naguère le rappel « ignominieux ».

Un traité de paix fut conclu à la fin de 1859, et les Maures l'ont observé loyalement. Maintenant encore ils saisissent avec empressement toutes les occasions d'envoyer au général Faidherbe l'expression de leur respect.

Des nombreux faits d'armes qui se produisirent pendant la guerre des Maures, nous n'en citerons qu'un parce qu'il suffit à démontrer que nos soldats des colonies, comme les Gaulois, ne craignent que la chute du ciel, ne doutent de rien et sont prêts, pour l'honneur du drapeau, à tous les sacrifices.

Au commencement d'avril 1856, le gouverneur se mettait en marche contre les Trarza. Il opérait sur la rive droite du Sénégal, en face de Dagana, quand il apprit que son adversaire marchait sur Saint-Louis avec toutes ses forces. Il ne s'en inquiète pas et continue ses opérations : il avait construit, à la tête du pont de Leybar, une tour octogonale, l'avait armée d'une pièce d'artillerie et donnée en garde à treize soldats commandés par le sergent Brunier. Cette confiance en quatorze hommes, n'est-ce pas merveilleux?

Le 21, à sept heures du matin, les Maures, au nombre de plus d'un mille se ruent sur cette tour. Ils sont d'un acharnement incroyable et d'une violence désespérée. Ils tiendraient à déshonneur d'être arrêtés par quatorze hommes. Les cavaliers viennent emboucher les créneaux du rez-de-chaussée, d'autres cherchent à démolir la maçonnerie avec leurs poignards. Ils brûlent sous la tour une case en paille qui servait de cuisine. Les assiégés, enveloppés d'un nuage d'étincelles et de fumée, craignent pour leurs munitions. Ils n'en combattent pas moins méthodiquement, froidement, sans perdre une charge de fusil ou de canon. Après cinq heures d'une lutte acharnée, les mille, qui ont perdu beaucoup de monde, battent en retraite devant les quatorze.

Ce fait d'armes et cent autres non moins glorieux sont

restés ignorés du public. Le Sénégal était si loin et comptait pour si peu ! C'est dans une obscurité profonde que nos jeunes soldats faisaient des prodiges de valeur, de patience et de résistance, et donnaient leur vie si patriotiquement.

Six ans durant, le gouverneur Faidherbe fit face aux Maures et aux Sénégalais. Pendant la saison sèche, il battait les premiers ; pendant les hautes eaux, quand les navires pouvaient remonter le fleuve, il corrigeait les autres, les pénétrait de notre supériorité, de notre bonté, les amenait à demander la paix, à désirer notre protectorat. Par des efforts incessants, par l'héroïsme de ses collaborateurs, il fondait notre domination, affermissait notre situation commerciale. Aussi, a-t-il raison de dire : « Les hommes qui ont fait cela peuvent avoir la confiance d'avoir rendu un grand service à leur pays ».

Tandis qu'il remportait ces heureux succès, non sans souffrir souvent de l'inclémence du climat et de la valeur des ennemis, une tempête formidable se formait à notre horizon, s'étendait et devenait de jour en jour plus menaçante. C'était une guerre de religion que nous allions avoir à soutenir, des fanatiques que nous allions avoir pour adversaires.

Les soldats d'El hadji Omar, car c'est de lui qu'il s'agit, se battaient en sauvages, incendiaient, pillaient, égorgeaient en conscience, férocement. Ils croyaient qu'en faisant beaucoup de mal aux infidèles, même inutilement, ils gagnaient des pardons et s'assuraient de bonnes places dans le paradis de Mahomet.

El hadji Omar, c'est-à-dire le pèlerin Omar, est un prophète, plante vénéneuse que le Soudan, pour son malheur, produit en abondance. De l'équateur au parallèle du grand désert il y en a toujours deux ou trois qui déciment, ruinent et abêtissent les populations.

Un prophète soudanien est éloquent, habile, dénué de scrupule et d'honneur, démesurément ambitieux. Il joue l'homme honnête, grave, inspiré, dévot. Il est l'homme de Dieu, l'instrument d'une mission sainte. Il s'octroie tous les plaisirs, et pratique, avec la dernière impudence, le mensonge et la duplicité. Il s'adresse aux plus mauvais instincts, remue l'écume des populations, cultive avec soin le fanatisme et choisit, dans ce qu'il y a de pire, son nombreux état-major.

Maître et valets vont de village en village prêcher la guerre sainte, la guerre sans cause et sans miséricorde. Les peuplades honnêtes les repoussent, les autres les acclament, la bande grossit et un beau jour commence ses funestes exploits.

Ainsi fait l'hadji Omar.

Il passe, comme un nuage de sauterelles, à travers le Bambouck, le Bondou, le Damga, le Toro. Il longe nos postes, s'empare du Kaarta, fait piller nos comptoirs, et caresse l'espoir de nous chasser du Sénégal, de dominer seul de l'Atlantique au Niger, comme chef suprême d'un vaste empire théocratique.

Mais le colonel Faidherbe l'observe depuis longtemps et connaît ses projets. Il ne le laissera pas anéantir notre commerce et subjuguer les pays qui reconnaissent notre protectorat ou doivent subir notre influence. Dans la prévision qu'il aura prochainement à se mesurer avec lui, il met en état de défense tous nos postes et construit dans le Khasso, à 250 lieues de Saint-Louis, le fort de Médine.

Il laisse ce nouveau fort à la garde d'un civil, Paul Holl, de 2 artilleurs, un sergent, 5 hommes d'infanterie de marine, une vingtaine de soldats noirs et autant de matelots noirs.

Bientôt le prophète Omar en décide l'attaque. Il choisissait, non sans habileté, le moment où la baisse du fleuve devait empêcher le gouverneur de venir au secours du fort.

A cette nouvelle, les Khasso-nké, au nombre d'environ six mille, se réfugient dans le tata situé sous le canon de Médine.

L'ennemi arrive le 20 avril 1857, à cinq heures du matin, sur trois colonnes fortes ensemble d'environ quinze mille combattants. Il donne assauts sur assauts pendant plusieurs jours ; constamment repoussé, avec des pertes énormes, il se décourage et transforme en siège son attaque.

Médine, nous l'avons vu, n'a que 49 défenseurs, les Khasso-nké ne comptant guère ; il a peu de vivres, peu de munitions et se trouve complètement isolé du reste du monde. Il tient tête cependant. Le commandant Paul Holl est d'ailleurs résolu à se faire sauter si le fort est pris d'assaut.

Un jour les assiégeants lui crient : « Vous n'avez plus de vivres, vous n'avez plus de poudre, le Borom-N'dar ne peut pas venir à votre secours parce qu'il n'y a pas d'eau dans le fleuve : d'ici à quelques jours nous vous aurons coupé le cou à tous ». Et, tranquillement, Paul Holl leur répond du haut des murs cette parole prophétique : « Jamais un noir n'entrera de force dans la maison d'un blanc ».

Le 18 juillet, après quatre-vingt-neuf jours de siège, il ne reste plus que deux cartouches pour chaque homme du fort et deux gargousses pour chacun des quatre canons. Depuis plus d'un mois, les assiégés vivaient d'arachides crues. L'ennemi s'approchait à moins de 50 mètres du fort et à moins de 25 mètres du tata de Sambala, roi du Khasso. Un jour d'assaut, les Kasso-nké bouchèrent avec les cadavres des ennemis les brèches faites dans le tata. Le dernier jour était arrivé.

Le colonel Faidherbe ne restait pas inactif. Il n'avait plus de repos depuis qu'il connaissait la situation de Médine. Par le plus énergique effort et favorisé par une petite hausse du fleuve, il réussit à débarquer aux Kippes avec 500 hommes, dont 100 blancs, et un obusier : c'était le trentième des forces du prophète. Il enlève à la bayonnette les hauteurs voisines et voit, dans le lointain, Médine. Le drapeau français flotte encore sur ses murs, mais le fort ne donne aucun signe de vie. Est-il trop tard !

La colonne se porte en avant comme une trombe, balaye devant elle les alaghistes. Ceux-ci, furieux de voir leur échapper une proie qu'ils touchaient de la main, se battent avec un acharnement incroyable, ne reculent qu'au pas, faisant face, sans se presser, couvrant de leurs morts le champ de bataille. Malgré tant de courage, ils sont mis en complète déroute.

Le général donne les noms de tous les officiers qui ont pris part au siège et à la délivrance de Médine. C'est une bonne pensée, car ces vaillants hommes ont écrit, de la pointe de leur épée, l'une des plus glorieuses pages de notre histoire militaire.

On ne lit pas, sans une émotion profonde, le simple récit du général. Nous sentons que le cœur lui battait fort, au narrateur, quand, rassemblant ses souvenirs, il revit par la pensée ses héroïques compagnons d'armes chasser devant eux les 15,000 intrépides soldats du pro-phète, quand il revit le commandant Paul Holl, ses quel-ques soldats, les 6,000 Khasso-nké du tata de Médine se jeter dans les bras de leurs libérateurs.

Cinq jours après la délivrance de Médine, le gou-verneur inflige à l'hadji Omar une nouvelle défaite, puis anéantit un à un tous les centres qui tiennent encore pour lui, poursuit et disloque toutes les forces qui viennent à son aide, et le chasse définitivement dans l'Est d'où il ne reviendra plus, mais où il fondera un empire.

En août 1860, Omar reconnaît enfin qu'il ne peut lutter contre nous, demande la paix et accepte les conditions du général Faidherbe.

Quand Mage et Quintin allèrent à Ségou, en 1864, pour traiter avec lui, il était mort, et la convention faite avec son fils Ahmadou n'a pas eu de suite.

Nous en avions fini, bien fini avec le prophète Omar et ses bandes de Toucouleurs. Il nous fallut alors recommencer à l'occident contre les peuplades du Saloum, du Sine, du Baol, de la Casamance qui violaient les traités et commettaient des exactions sur nos nationaux et nos alliés. Les damel du Cayor rançonnaient nos commerçants et pillaient ses sujets pour acheter de l'eau-de-vie, de la poudre et des fusils. Il refusait, en violation des traités, de nous laisser construire une ligne télégraphique entre Dakar et Saint-Louis. Force fut de faire parler la poudre.

Le Foutah avait alors produit un nouveau prophète, Maba. Maba avait prêché la guerre sainte, réveillé le fanatisme de la région et les espérances des débris des vieilles bandes d'El hadji Omar. Ayant réuni, en peu de temps, une troupe nombreuse, il avait envahi le Rip, province du Saloum et fait alliance avec un ancien damel du Cayor. Il prit contact avec nous en octobre 1862, par le poste de Kaolakh. La lutte fut acharnée, dura vingt-quatre heures et se termina par la défaite du marabout, qui laissa autour du poste plus de trois cents cadavres.

Le poste de Kaolakh était défendu par douze soldats de l'infanterie de marine commandés par le sergent Burg. Sans une minute de défaillance, ces treize hommes ont soutenu ce choc formidable et la victoire a couronné leur étonnante bravoure.

Le nouveau prophète n'était pas un ennemi à dédaigner. Il savait très bien choisir ses positions et profiter de nos moindres fautes. A différentes reprises il fallut envoyer contre lui et ses alliés des forces relativement imposantes. Battu sur un point, il faisait de nouvelles recrues et apparaissait ailleurs.

La dernière campagne entreprise contre lui commença dans les premiers mois de 1867. Le choc final eut lieu le 18 juillet, à Somb, entre Diakhao et Marout. Sa position était parfaitement choisie et ses troupes étaient très bien disposées. Le combat commence à cinq heures du matin, se continue jusqu'à six heures du soir, avec un acharnement égal des deux parts, et ne se termine que par la mort du prophète, de son fils, de son neveu et de ses principaux officiers. Ainsi finit l'agitation qu'il entretenait depuis six ans dans le Sine et le Saloum.

Le prophète Maba mort, un autre prophète s'élève : Ahmadou-Cheikou.

Cheikou, comme les autres, prêche la guerre sainte, réunit des forces imposantes, les fanatise et porte partout la dévastation. Mis en déroute plusieurs fois, toujours il se reforme et revient à l'attaque. Enfin, le 11 février 1875, à Boumdou, dans un combat où nos forces sont commandées par le lieutenant-colonel Bégin, il reste sur le champ de bataille avec ses principaux lieutenants et 450 des siens. En trois quarts d'heure la question de sa domination dans le Cayor était vidée, mais la victoire nous coûtait 88 blessés dont 9 officiers et 14 tués dont 1 officier.

Dans le récit de cette brillante campagne, le nom du jeune lieutenant Faidherbe revient plusieurs fois et toujours avec honneur. Noblesse oblige.

Ces guerres longues et pénibles, si glorieuses et si peu

connues, ont eu pour résultat l'établissement de notre puissance et l'acquisition d'une partie du sol. « Humbles et méprisés auparavant, nous pouvions alors parler en maîtres et faire respecter nos décisions ; le commerce, libre d'entraves, disposait déjà d'un vaste champ d'action ».

Les expéditions militaires de 1855 à 1865 n'avaient pas empêché la poursuite active des travaux de la paix. On avait assaini et embelli Saint-Louis, construit des routes, des ponts, des quais, des lignes télégraphiques, des écoles, des hôpitaux, des casernes ; on avait créé une banque, un musée, une imprimerie, un journal, l'école des ôtages, des jardins-modèles.

Dès 1859, l'état politique permettait au général d'entreprendre l'exploration scientifique des régions encore inconnues du Soudan occidental.

De jeunes officiers, braves et instruits, rayonnent alors dans toutes les directions. Vincent est envoyé dans l'Adrar, Bou et Moghdad à Mogador, Bourel chez les Brakna, Mage dans l'oasis de Tagant, Alioum-Sal à Timbouktou, Pascal dans le Bambouck, Lambert dans le Foutah-Djallon, Mage et Quintin à Ségou.

En quittant la colonie, en 1865, le général recommande instamment de ne pas perdre de vue son projet de relier le Sénégal au Niger par des postes à Bafoulabé, Kita, Mourgoula ou Bangassi et Bammakou.

Ses successeurs immédiats, occupés à défendre la colonie contre Maba, Ahmadou-Cheikou et les damels des provinces occidentales, durent ajourner la marche en avant. En 1878, la situation paraissant rassérénée, l'amiral Jauréguiberry, ministre et ancien gouverneur de la colonie, donna l'ordre de réaliser les plans du général Faidherbe.

Ahmadou, fils d'El habji Omar et roi ou émir de Ségou, avait reconquis son influence dans le Khasso. Ses Talibé, maîtres à Sabouciré, commettaient journellement, contre notre fidèle allié Sambala, des actes d'hostilité. Depuis dix ans nous subissions cet état de choses parce que Sabouciré fournissait à nos traitants une grande quantité d'arachides. La situation empirait, naturellement. En 1878, le gouvernement résolut de détruire ce nid de gens hostiles, sans scrupule et d'autant plus audacieux qu'ils commençaient à douter de notre puissance. Ils furent cruellement détrompés. En quelques heures leur tata fut pris d'assaut et détruit.

Soleillet, qui se trouvait alors à Ségou, a blâmé cette exécution ; il croyait que c'était par ignorance de l'histoire du pays que nous avions mis le Logo dans la dépendance du Khasso.

Nous pensons qu'une politique de sentiment est absurde, que notre intérêt et le simple bon sens nous commandaient de fortifier nos amis et d'abaisser nos ennemis, que nous avons fait justement ce qu'il fallait faire.

Le commerce de Saint-Louis, atteint dans ses intérêts du moment, condamnait aussi la destruction de Sabouciré. Encore sur ce point nous partageons l'avis du général et nous répétons, comme l'expression de notre pensée, ses propres paroles :

« Les commerçants voient surtout les intérêts du moment ; qu'ils fassent fortune en quelques années au Sénégal pour rentrer alors en France, il n'en faut généralement pas davantage pour les contenter.

» Le gouvernement doit, lui, se préoccuper de l'avenir de la colonie. Dans un moment où toutes les puissances de l'Europe jetaient leur dévolu sur l'Afrique, comme un nouvel et immense marché à exploiter, il ne fallait pas que la France, qui avait l'avance sur elles toutes dans cette partie du monde, se laissât distancer par ses concurrents ».

Sabouciré pris, c'était une porte ouverte sur le Niger.

En 1879, le colonel Brière de l'Isle, gouverneur, dirige sur Ségou la mission Gallieni, et lui donne pour objectif la création de relations avec Ahmadou. La mission a échoué politiquement, mais elle a fait une riche moisson scientifique.

En 1881, deux autres missions se dirigent en même temps vers le Niger.

L'une, sous le commandement de M. Borgnis-Desbordes, chef de bataillon, est chargée de la création de postes sur la route indiquée par le général Faidherbe.

L'autre, sous les ordres du commandant Derrien, doit faire l'étude d'un chemin de fer entre les Kayes et Bammakou.

Le 20 juillet 1883, nous avons eu le plaisir d'entendre l'un des membres les plus distingués de cette mission, M. de Saillenfest de Sourdeval, alors capitaine breveté d'infanterie. Nous renvoyons au compte-rendu de sa belle conférence (*Bulletin* de juillet-août 1883) et à la collection de cartes qu'il a offerte à la Société.

Ces deux missions ont complétement réussi. Au moment de leur retour, notre pavillon flottait à Kita.

En 1882, le lieutenant-colonel Borgnis-Desbordes partait de nouveau. Il devait rassurer les populations amies, qui croyaient tous les Français morts de la fièvre jaune, et prendre contact avec Samory.

Qu'est-ce que Samory? Un nouveau prophète qui jouait à ravir de la religion et se trouvait, dès 1880, possesseur d'un vaste empire sur la rive droite du Niger.

Toute cette partie du Soudan tremblait à son nom. Il fallait l'arrêter net ou se résoudre à ne pouvoir, de longtemps, effacer les traces de sa sanglante domination.

Il domine par la terreur.

Quand il fait des prisonniers qu'il ne peut vendre, il ne se contente pas de les faire mourir : il invente des supplices épouvantables, prolonge la souffrance le plus possible et en jouit en bête féroce.

El hadji Omar était cruel aussi, comme tout prophète musulman qui se respecte, mais il avait un but : la création d'un grand empire. Samory, bien que très puissant, est tout simplement un marchand d'esclaves, le pourvoyeur des négriers Maures du Sahara.

M. Borgnis-Desbordes n'a pu engager le combat avec le prophète, mais il lui a fait sentir, par quelques faits d'armes heureux, qu'il devrait à l'avenir compter avec nous et renoncer à toute idée de domination sur la rive gauche du Niger.

Notre chaîne de postes de Médine à Bammakou ferme la ligne commerciale de Samory. Il lui faudra désormais choisir une autre route pour ses troupeaux d'esclaves.

Bammakou, dont le fort a été construit en 1882, par M. Borgnis-Desbordes, est un grand marché nigérien, malgré la concurrence de Yamina. De ce point, le fleuve est navigable jusqu'à Timbouktou, probablement jusqu'aux chutes de Boussa.

Quand le chemin de fer sera terminé jusqu'à Bammakou, les frais de transport, de manutention et de magasinage de Bordeaux à Timbouktou, par Saint-Louis, seront de 150 francs par tonne.

Les produits à importer dans des conditions avantageuses sont, quant à présent, l'or, la cire d'abeilles, le café, l'ivoire, l'arachide décortiquée, le beurre végétal, la gomme, le sésame et quelques autres.

Le fort de Bammakou, qui complète notre chaîne de postes de Médine au Niger, a été construit tout en donnant la chasse aux bandes de Samory.

Dès 1883, les populations jouissaient du bienfait de notre occupation. Assurées de la paix, elles se disputaient les terrains des environs de Bammakou.

Dans le même temps, les Toucouleurs d'Ahmadou, les Mali-Nké de Samory et les Bambara continuaient la guerre qu'ils se faisaient depuis trente ans.

Les belligérants, convaincus de notre supériorité militaire, se gardent bien de s'attaquer à nos postes. Nous profitons de cette situation pour préparer l'envoi à Timbouktou d'une canonnière à vapeur. La perte de pièces de tuyautage et une maladie du commandant nous forcent d'ajourner cette mission.

En 1885 nous construisons le fort de Niagassola, entre Kita et Bammakou, mais, par suite de manœuvres imprudentes, notre ligne est menacée par Ahmadou et Samory sur une longueur de 3oo kilomètres.

Le lieutenant-colonel Frey, envoyé à la tête d'une forte colonne, met en complète déroute l'un des lieutenants de Samory. Celui-ci craignant d'être attaqué dans sa capitale, demande la paix et l'envoi d'ambassadeurs.

Samory paraissait alors âgé de quarante ans. Sa physionomie était agréable, ses traits fort réguliers, tout en lui dénotait une grande intelligence. Il était vêtu très simplement, mais ses neuf femmes préférées étaient couvertes de bijoux en or massif, ses 5oo pages ou gardes-du-corps et ses 5,ooo cavaliers étaient richement équipés, ses 6o,ooo fantassins, également bien vêtus, paraissaient disciplinés.

Il reçut nos ambassadeurs en grande pompe, au milieu de sa cour, de son armée, d'un immense concours de curieux, les traita magnifiquement, leur rendit et leur fit rendre tous les honneurs.

Le traité alors conclu fut revisé un peu plus tard. Aujourd'hui le Niger sert de limites entre nos positions respectives, et nous avons le Bouré, qui est nécessaire à notre défense.

A peine en avions-nous fini avec le prophète Samory qu'un autre prophète s'élevait contre nous, aux environs de Bakel. C'était Mahmadou Lamine, un noir, grand, fort, très habile, qui disait avoir dormi auprès du tombeau de Mahomet. Le prophétisme se reconnaissant aux miracles, il faisait des miracles. Il paraît que cela n'est pas bien difficile.

Au moment où Saint-Louis était dans l'angoisse, croyant que le colonel Frey était encore sur les rives du Niger, cet officier et ses vaillantes troupes arrivaient à marche forcée sur Lamine, le mettait en complète déroute et rétablissait ainsi la paix sur tout le Haut-Sénégal.

Au lieu de prendre à Saint-Louis un repos bien mérité, nos troupes durent recommencer dans le Cayor une lutte longue et pénible contre les almamys. On en finit cette fois avec ces roitelets imbéciles qui ne voulaient pas comprendre qu'ils gagneraient plus à faire travailler leurs sujets qu'à les vendre.

Pendant notre première affaire avec Lamine, Ahmadou rôdait à distance de nos postes. Reconnaissant enfin l'impossibilité de les attaquer avec quelque chance de succès, il se décida, au mois de mai 1887, à signer un traité de paix avec le lieutenant-colonel Gallieni.

Mahmadou Lamine recommence ses prédications, réunit une bande nombreuse de fanatiques et reprend la campagne. M. Gallieni va l'attaquer à Diana, à 300 kilomètres de Bakel. Lamine réussit encore à se sauver avec quelques Sarakholé. Le but n'était pas atteint. Cependant cette expédition eut pour résultat la soumission de l'almamy du Bondou et l'engagement formel de plusieurs chefs de combattre le prophète s'il reparaissait dans leurs pays.

En 1887, Lamine opère de nouveau avec 2,000 partisans, sur les rives de la Gambie. Le colonel Gallieni envoie contre lui le capitaine Fortin, qui l'attaque dans son tata de Toubakouta. Le tata est pris. Mahmadou Lamine parvient à se sauver, mais quelques-uns de nos cavaliers le poursuivent et le tuent.

La paix paraissant définitivement établie de Saint-Louis au Niger, le gouvernement entame une nouvelle série d'explorations scientifiques.

M. Léotard, aide pharmacien de la marine, est envoyé dans le Gangaran, le Gadougou, le Manding et le Bourée: le docteur Tautain et le lieutenant Quiquandon dans le petit et le grand Bélédougou.

Le lieutenant Binger est chargé d'une mission entre la rive droite du Niger et Grand-Bassam, sur le golfe de Guinée. Cette mission, qui dura deux ans, l'une des plus remarquables de la fin du siècle, nous sera prochainement racontée par M. Binger, aujourd'hui capitaine et chevalier de la Légion d'Honneur.

Notre collègue, M. le docteur Collin, qui nous a fait le récit de ses premiers voyages dans le Bambouck, est retourné dans ce pays pour fonder un comptoir à Kassama, capitale du Diébédougou, centre d'une contrée où l'on trouve en abondance l'or, l'ivoire, la soie, le caoutchouc, les graines, les bois de teinture, etc.

Le capitaine Brosselard a été nommé commissaire-plénipotentiaire pour la délimitation de nos possessions du sud, voisines de celles des Portugais. Il a profité de cette mission diplomatique pour reconnaître des régions encore inexplorées.

En 1887, le 1er juillet, la canonnière *le Niger*, commandée par M. Caron, lieutenant de vaisseau, part de Monambougou pour Timbouktou, la ville sainte du Soudan septentrional. Cette ville est située sur le coude du Niger à 500 lieues de sa source et à égale distance de ses embouchures.

M. Caron arriva jusqu'à Koriomé, l'un de ses ports; les intrigues de Tidjani, roi du Macina, qui craignait sans doute pour son influence, ne lui permirent pas de débarquer.

La route n'en est pas moins ouverte. Notre drapeau a été vu et respecté sur toute la route. Ahmadou, Tidjani et les Timbouktiens reconnaîtront nos bonnes intentions, leurs intérêts et viendront à nous.

M. Caron a rapporté sur l'hydrographie du fleuve et sur les peuples de ses rives des renseignements précieux. Il a fait tout ce que pouvait faire un officier jeune, brave, intelligent et instruit. Son voyage à Timbouktou marquera une étape dans l'histoire du Soudan.

Pendant ce temps, l'infatigable colonel Gallieni construit un fort à Siguiri, au confluent du Tankisso.

Nous possédons ainsi, dans le Haut-Sénégal et le Haut-Niger, un triangle d'occupation qui nous permet de résister aux attaques d'Ahmadou et de Samory. Ce triangle a son sommet à Kita, sa base sur le Niger, à Bammakou et Siguiri. Le côté de Kita-Bammakou est renforcé par le poste de Kondou; celui de Kita-Siguiri par le poste de Niagassola.

Déjà des marchés mensuels sont organisés depuis Médine jusqu'à Bammakou. Les indigènes et les traitants s'y rendent avec empressement. Préalablement, M. Gallieni a terminé le chemin de fer jusqu'à Bafoulabé, construit de nouvelles routes et amélioré les anciennes.

En même temps, pour fortifier son œuvre et en assurer la durée, il a fondé des écoles où les jeunes indigènes viennent apprendre les éléments de la langue française. Les garnisons fournissent des maîtres tandis que *l'Alliance française* fait les frais d'installation, de fourniture de livres, etc., ainsi qu'elle le fait déjà pour nos écoles du Sénégal, du Saloum, de la Casamance et autres.

Nos traitants, qui ne s'aventurent pas à la légère, ont dès maintenant des succursales à Baffoulabé; ils en auront bientôt à Bammakou et à Siguiri.

Si maintenant nous jetons un coup d'œil d'ensemble sur cette page de notre histoire, que nous avons incomplètement et imparfaitement résumée, nous admirons sans réserve l'œuvre accomplie.

Nous ne voulions pas la guerre, au contraire, mais malheur à qui nous l'imposait. Nos soldats, transportés à cent, deux cents, trois cents, quatre cents lieues de Saint-Louis, faisaient des merveilles de patience, de résistance, de courage et de patriotisme.

Toujours ils combattaient un contre cinq ou dix, contre des gens qui ne manquaient ni d'audace ni de bravoure; enlevés crânement par leurs officiers, ils surmontaient gaiement les obstacles, attaquaient résolument l'ennemi et le culbutaient. Les maures, les almamys, les damels, tous les prophètes, depuis El hadji Omar jusqu'à Mahmadou Lamine et Samory, sont venus se briser contre leurs petits détachements.

Nos armes perfectionnées nous donnaient un grand avantage, mais le climat, la longueur et la difficulté des marches agissaient puissamment en faveur de l'ennemi.

Les prodigieux travaux de nos soldats rappellent les succès étourdissants de Cortez au Mexique et de Pizarre au Pérou. Là toutefois s'arrête la similitude.

Les *conquistadores* portaient la mort et la servitude; nos soldats apportaient la vie et la liberté. Cortez et Pizarre chargeaient de chaînes les pauvres Indiens; nos soldats brisent celles des Soudaniens, les appellent à la civilisation, c'est-à-dire à la paix, au travail libre, au bien-être.

Après avoir lu les pages du général Faidherbe, nous nous sommes demandé pour quelle cause nous ignorions le nom et les œuvres des hommes qui portèrent notre drapeau de l'Atlantique au Niger et à Timbouktou. La réponse était bien simple et déjà nous l'avons indiquée : Le Sénégal était si loin et la géographie tenait si peu de place dans nos préoccupations !

Le général Faidherbe a eu la bonne pensée de réagir contre notre ignorance, de signaler à notre admiration les gestes de ses compagnons d'armes, ses collaborateurs, de tous ceux qui ont pris part à cette grande œuvre, de nous montrer l'importance de notre colonie, de nous éclairer sur son avenir.

Nous le remercions de son beau livre ; nous lui somme reconnaissant des patriotiques émotions qu'il nous a fait éprouver, des horizons nouveaux qu'il découvre au commerce, à l'industrie, à l'influence heureuse de la France.

www.ingramcontent.com/pod-product-compliance
Lightning Source LLC
Chambersburg PA
CBHW051741050726
47598CB00003B/1286